Bonne fête, Pomme et Pépin !

Texte : Paule Brière

Illustrations : Anne-Claire Delisle

Pour tous les toutous qui savent partager
l'imaginaire des enfants !

Paule

Pour Élyane mon p'tit chou que j'aime beaucoup !

Anne-Claire

Bonne fête, Pomme et Pépin ! est publié par Bayard Canada Livres.

Catalogage avant publication de Bibliothèque et Archives nationales du Québec et Bibliothèque et Archives Canada

Brière, Paule

Bonne fête, Pomme et Pépin!
Bandes dessinées.
«Un livre Pomme d'api».

Pour enfants de 3 à 8 ans.

ISBN 978-2-89579-270-3

I. Delisle, Anne-Claire. II. Titre.

PN6734.B66B74 2009 j741.5'971 C2009-941276-4

Nous reconnaissons l'aide financière du gouvernement du Canada par l'entremise du Programme d'aide au développement de l'industrie de l'édition (PADIÉ) pour nos activités d'édition.

Conseil des Arts du Canada **Canada Council for the Arts**

Bayard Canada Livres Inc. remercie le Conseil des Arts du Canada du soutien accordé à son programme d'édition dans le cadre du Programme des subventions globales aux éditeurs.

Cet ouvrage a été publié avec le soutien de la SODEC. Gouvernement du Québec – Programme de crédit d'impôt pour l'édition de livres – Gestion SODEC.

Dépôts légaux – 3e trimestre 2009
Bibliothèque et Archives nationales du Québec
Bibliothèque et Archives Canada

Direction : Paule Brière
Graphisme : Anne-Claire Delisle
Révision : Sophie Sainte-Marie

4475, rue Frontenac
Montréal (Québec)
Canada H2H 2S2
Téléphone : 514 844-2111 ou 1 866 844-2111
Télécopieur : 514 278-0072

Courriel : edition@bayardcanada.com
Site Internet www.bayardlivres.ca

Imprimé au Canada

POMME D'API

Un bisou pour Valentine

Pomme bricole un joli valentin.

À qui va-t-elle l'offrir ?

Elle demande : « Eh, Pépin, veux-tu être

mon petit amoureux ? »

Pépin hésite :

« Ça fait quoi...

un tamoureux ? »

« Les amoureux, répond Pomme,

ça donne des baisers. »

Pépin accepte :

« Alors je suis ton zamoureux ! »

Pomme crie : « Tu n'es pas un amoureux, là. Tu es un ogre ! »

« OK, dit Pépin, namoureux. » Mais Pomme répond : « Ce n'est pas un baiser d'amoureux, ça. C'est un bisou de bébé baveux ! »

« Et ça, demande Pépin, c'est damoureux ? » Pomme rit : « Ça, c'est une petite bise d'ami. »

Pépin en a assez. « T'as qu'à le chercher ailleurs, ton ramoureux ! »

Pomme dit :
« Ne te fâche pas, Pépin.
Je vais t'en donner, moi,
un baiser d'amoureux. »

Les baisers, c'est magique...

Ça change les crapauds en princes charmants et...
les Pépin en amoureux !

Oh ! les beaux cocos !

Pomme est sortie de bonne heure ce matin. Une surprise l'attend dans la cour. Elle dit : « Viens, Pépin, il faut chercher

les cocos de Pâques ! »

Pépin demande :

« C'est toi qui as pondu des cocos, Pomme ? »

« Mais non, Pépin !
Je ne suis pas une poule,
je suis une **Pomme** !
C'est le lapin de Pâques
qui a caché les cocos.
Allez, aide-moi
à les trouver. »

Pomme cherche
bien par terre.
Elle trouve
un bel œuf doré.

Pépin cherche le nez en l'air.
Il ne trouve pas d'œuf, bien sûr.

Pomme cherche sous l'escalier.

Elle trouve une poule en chocolat.

Pépin a beau chercher,
il ne trouve rien.
Alors il s'assoit, découragé.

Il ne sait pas qu'il vient de trouver
le plus gros de tous les œufs...
Mais Pomme le voit bien, elle !

Enfin, Pépin comprend :

« J'ai pondu un coco !

C'est moi, le lapin de Pâques ! »

Hum... a-t-il vraiment compris ?

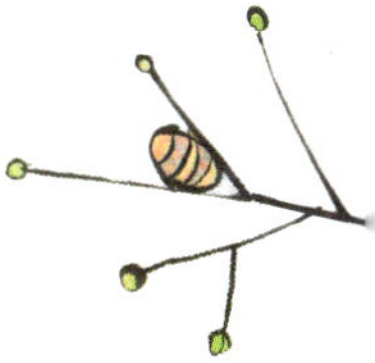

Joyeux zanniversaire !

Aujourd'hui,
c'est l'anniversaire de Pépin.
Pomme a préparé une belle fête
avec un gros gâteau.
Papa allume les bougies.

Pomme dit :
« Viens, Pépin,
viens souffler
tes bougies. »

Pépin essaie
de souffler les bougies
tout seul
comme un grand !

Mais il ne réussit pas vraiment…

Il constate :

« Moi, je souffle pas...

Je blouffe ! »

Pomme explique :

« D'abord, tu dois

gonfler tes joues...

Ensuite, tu mets

ta bouche en bisou...

Et puis tu souffles, souffles toutes les bougies ! »

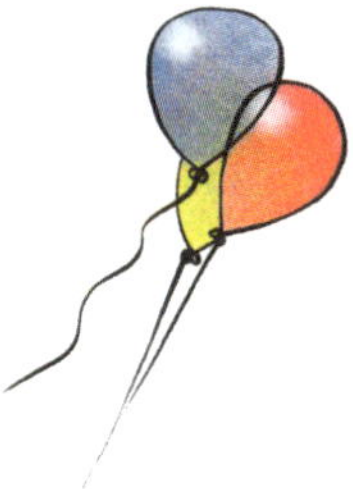

Papa a rallumé les bougies. Pépin essaie encore une fois de souffler… Mais les bougies restent toutes allumées.

Pomme dit : « OHÉ ! Pépin !
Laisse l'air passer,
sinon tu vas exploser ! »

Pépin avoue :
« Moi, je souffle pas...
Je prouffte ! »

Pépin recommence.

Il souffle très fort et, cette fois, il **réussit** à éteindre toutes les bougies d'un coup !

Il s'écrie : « Ouais !

Moi je sais swouffler ! »

Des bonbons, s'il vous plaît !

Ce soir, c'est l'Halloween.

Pomme rentre de sa tournée avec une citrouille remplie de sucreries.

« Coucou, Pépin ! »

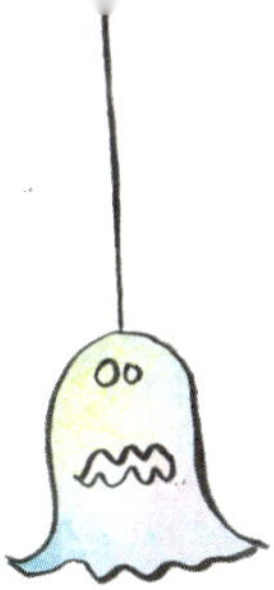

Pépin faisait
une petite sieste.
Effrayé, il s'écrie :
« T'es qui, toi? »

« C'est moi ! rigole Pomme. Regarde, les bonbons que j'ai récoltés. »
Pépin est rassuré.
Il demande :
« Pour moi? »

Mais Pomme crie :

« Non !

MES bonbons ! »

Oh ! oh !

Ça sent

la chicane...

Tout à coup... **Ding ! dong !**

« Des bonbons, s'il vous plaît ! »

Pépin en veut,

lui aussi...

Mais Pomme répond : « Pour avoir des bonbons,

il faut **passer l'Halloween !** »

Ding ! dong !... « Des bonbons... ...s'il vous plaît ! »

Il n'y a plus de bonbons...

Pomme a une bonne idée : « Je vais partager les bonbons que j'ai ramassés ! »

Pépin est ravi.
« Moi aussi,
je vais partager ! »
Pomme dit :
« Mais pour
avoir des bonbons,
il faut
se déguiser ! »

Cher père Noël...

Pomme a hâte à Noël.
Hâte aux fêtes
pleines de cousins, cousines.

Hâte aux repas
pleins de desserts sucrés.

Hâte aux cadeaux
pleins de surprises !

«Tu veux un cadeau
pour Noël, Pépin ?»
«OUI ! crie Pépin,
un gros cadeau
du pépère Nono !»

« Il faut l'écrire
au père Noël »
dit Pomme.
Mais Pépin
ne sait pas écrire...

Alors Pomme
écrit pour lui.

Mais Pépin proteste :

« Écris pas n'importe quoi !

Je veux un proutinpinpin. »

Pomme écrit, même si elle sait

que ça n'existe pas,

les proutinpinpins.

Puis Pomme écrit sa lettre à elle.

Pépin observe : « C'est pareil.

Toi aussi, tu veux

un proutinpinpin ? »

« Non, répond Pomme,

je demande une poupée.

Tu ne sais pas lire, Pépin. »

« Mais je sais dessiner,

répond Pépin.

Le père Noël

le verra bien,

mon proutinpinpin ! »

« Bonne idée ! » s'écrie Pomme.

Et elle dessine aussi sa poupée.